AF337599

NOTICE

SUR

BENOIT - JOSEPH

LABRE.

ARRAS

ERNEST LEFRANC, LIBRAIRE-ÉDITEUR,

RUE SAINT-MAURICE, 26.

—

M DCCC LV.

L'Artois, aux premiers siècles de l'ère chrétienne, par une faveur spéciale de la divine Providence, donnait naissance à des saints nombreux et célèbres dans l'Église.

Dans des temps plus modernes, l'Artois produisit encore un homme d'une piété profonde, qui devait édifier la capitale même de la Foi, et mériter peut-être la céleste palme de bienheureux : c'était le vénérable serviteur de Dieu, Benoît-Joseph Labre.

Rendre populaires les détails les plus intéressants de cette glorieuse existence, tout empreinte de religion et d'abnégation, tel est le but que nous nous proposons et que nous désirons atteindre.

NOTICE

SUR

BENOIT-JOSEPH

LABRE.

« Heureux mon Diocèse d'avoir donné naissance
à cet illustre pénitent ! »
(*Mandement de Mgr l'Évêque de Boulogne*
du 3 juin 1783.)

Le Vénérable BENOIT-JOSEPH LABRE, renommé au XVIIIe siècle par sa pauvreté volontaire et son humilité évangélique, naquit, le 26 mars 1748, à Amettes [1], d'une pieuse famille de cultivateurs possédant un honnête patrimoine : il fut l'aîné de quinze enfants, dont neuf survécurent. Les premières années de Benoît-Joseph furent toutes en Dieu ; il ne paraissait dans les temples qu'avec une modestie vraiment édifiante, et montrait un goût décidé pour les saints exercices de la religion. Dans sa chambre, il s'était fait un petit oratoire, et, à tous les jeux de son âge, il préférait le plaisir d'apprendre à servir la messe et celui de chanter ce qu'il avait entendu à l'église.

---

[1] Canton de Norrent-Fontes, arrondissement de Béthune, département du Pas-de-Calais.

A cinq ans, comme cet enfant de bénédiction manifestait un grand désir de s'instruire, ses parents l'envoyèrent à l'école du village, où il fut, pour ses condisciples, un modèle de parfaite docilité.

Il n'avait aucun des défauts ordinaires à l'enfance, ni légèreté, ni impatience dans les désirs. Il était d'une rare bonté de cœur, d'une extrême douceur, et d'une soumission exemplaire aux volontés de ses parents; son caractère sérieux n'empêchait pas que dans sa physionomie, d'ailleurs assez ouverte, on ne distinguât un fond de gaîté tranquille qu'il conserva toute sa vie. Doué d'une mémoire heureuse et d'une grande facilité, il sut bientôt lire; et, dès lors, regardant les récréations comme une perte de temps, il se retirait à l'écart avec quelque livre de piété.

A douze ans, il passa de la maison paternelle sous la direction d'un de ses oncles, curé d'Erin, qui le disposa à la première communion : il sanctifia alors son âme par une confession générale qui, dans le cours de sa vie, fut suivie de plusieurs autres : sainte et efficace pratique, lorsque la manne céleste tombe sur une âme ainsi préparée. Le respectable ecclésiastique lui enseigna ensuite les éléments de la langue latine, et, afin de satisfaire son goût pour les livres ascétiques, mit à sa disposition toute sa bibliothèque. Les lectures et les méditations auxquelles il consacrait ses loisirs, influèrent beaucoup sur sa résolution d'embrasser une vie austère, et fortifièrent son goût pour la retraite. Il avait seize ans : dès cette époque, il se proposa pour règle unique de réduire son corps en servitude, et de le soumettre à de continuelles mortifications; il s'imposa l'abnégation et l'oubli de soi-même. Il songea alors sérieusement à exécuter son projet de quitter le monde, et, renonçant à l'honnête revenu qu'il pouvait espérer de ses parents, il résolut de choisir entre les maisons religieuses celle où son amour pour la pratique de la pauvreté, de l'humilité et de la pénitence trouverait plus facilement à se satisfaire : il fixa d'abord son choix sur l'abbaye de la Trappe. Il en informa son oncle, qui, bien qu'applaudissant à l'intention, trembla au nom de la Trappe pour la santé de son neveu. Benoît-Joseph avait communiqué sa résolution à ses parents, mais ceux-ci l'avaient destiné à être leur appui et leur soutien, en sa qualité d'aîné, aussi furent-ils vivement affligés et résistèrent-ils à son désir. N'ayant pu les vaincre par ses instances pressantes, il se résigna, respecta leur volonté, et retourna sans proférer la moindre plainte vers son oncle, pour reprendre le cours de ses études et se mettre de nouveau sous sa conduite, avec la résolution d'attendre du temps et de la Providence ce qu'il ne pouvait obtenir en ce moment par ses supplications. Il s'efforça, par un redoublement de ferveur et d'austérités, d'obtenir de Dieu qu'il daignât un jour accepter son sacrifice, et travailla de nouveau à mériter de son père et de sa mère leur consentement au projet d'entrer à la Trappe.

Sur ces entrefaites, une cruelle épidémie vint désoler le pays. Le vertueux oncle se multiplia dans l'exercice de son ministère; il passait les jours et les nuits au chevet des malades pour les secourir et les consoler. Le neveu de son côté prenait soin des bestiaux, qui sont presque toute la fortune des pauvres agriculteurs. Le fléau s'arrêta enfin, mais le digne curé d'Erin succomba à l'excès de la fatigue : ce fut un nouveau coup pour Benoît-Joseph, qui perdait un protecteur bien précieux. Il avait dix-huit ans ; retournant alors auprès de ses parents, dès que le temps eut apporté quelque adoucissement à la douleur qu'ils avaient ressentie de cette perte, il mit tout en œuvre pour obtenir la permission d'entrer au cloître, mais il rencontra une opposition plus forte encore que précédemment.

Quelques années après, ce fils toujours insistant, reçut enfin de son père et de sa mère, avec leur bénédiction, le consentement désiré. Heureux, il part et bientôt il est aux portes de l'abbaye de la Trappe : mais, hélas ! il n'y peut être admis à cause de sa trop grande jeunesse ; son affliction, bien que vive, fut résignée. Il revint à Amettes, où on le reçut avec toutes les démonstrations d'une joie excessive.

Benoît-Joseph, quoiqu'il n'eût point été admis à la Trappe, gardait en son cœur l'espérance de pouvoir y entrer un jour ; il résolut d'attendre patiemment qu'il eût l'âge requis. Un oncle, M. Vincent, alors vicaire de Conteville, en qui il retrouva un nouveau guide, lui fit continuer l'étude de la langue latine. L'élève profita des leçons et des exemples du maître ; il montrait toujours une grande ardeur pour la lecture des livres de piété et surtout pour les sermons du P. Lejeune.

Des missionnaires étant venus prêcher dans le diocèse de Boulogne, le pieux jeune homme les suivit aussi longtemps qu'ils restèrent dans les villages voisins. Désirant toujours avec une égale ardeur vivre dans la solitude, sur le conseil de l'un d'eux il forme alors le projet d'entrer dans quelque couvent de Chartreux ; nouvelles objections de la part de ses parents.

Sa vocation toutefois était si prononcée, qu'ils durent céder. Benoît-Joseph se présente à la Chartreuse de Montreuil, mais un obstacle auquel il ne s'attendait pas, surgit : le prieur l'accueille avec bonté, mais il ne peut le recevoir que lorsqu'il aura étudié la dialectique et connaîtra le chant ecclésiastique. Il se disposait à retourner chez ses parents, lorsqu'on lui indiqua une maison qui s'ouvrirait plus facilement à l'empressement de ses désirs, la Chartreuse de Longuenesse, près de Saint-Omer. Il y fut en effet admis. La règle de cette maison lui ayant paru trop mitigée et point assez austère pour le conduire à cette haute perfection à laquelle il aspirait, il en sortit après quelques semaines. Il se rendit de nouveau auprès du missionnaire, qui lui conseilla de retourner à la maison paternelle pour y attendre les ordres du Ciel.

Hors du cloître, il passa deux années à Amettes, uniquement occupé de son salut. La Trappe, selon lui, était la seule maison qui convînt à son goût pour la vie pénitente et mortifiée, malheureusement il n'avait pas encore vingt ans accomplis, et une sainte impatience de se consacrer promptement à Dieu l'empêchait d'attendre l'âge où il pût y être reçu.

Ses parents, qui craignaient de résister à Dieu même, se déterminèrent enfin à seconder son dessein d'entrer en religion, que leurs efforts n'avaient pu vaincre. Ils envoient donc leur fils chez M. Dufour, vicaire de Ligny, afin d'y apprendre ce que les Chartreux exigeaient qu'il sût pour entrer chez eux. Ces études terminées, Benoît-Joseph retourna à Montreuil, où on l'admit enfin comme postulant. Il trouva encore que les austérités de cette maison ne remplissaient pas entièrement ses vues, et après six semaines d'épreuves, il quitta les

Chartreux, où il avait édifié supérieurs et confrères, pour s'achemi-
ner vers la Trappe, objet constant de ses vœux. Ce fut aussi inuti-
lement que la première fois : la porte de ce sanctuaire ne devait point
s'ouvrir pour lui. Il se dirige rapidement alors vers Sept-Fonts,
ordre de Cîteaux, monastère de la plus étroite observance après celui
de la Trappe, et le 28 octobre il était admis à prendre l'habit de
novice, sous le nom de frère Urbain, quand une longue maladie
vint l'affaiblir et l'épuiser. Trop faible pour soutenir les austérités de
la règle, il se voit forcé de quitter l'habit de l'ordre qu'il avait si
dignement porté plus de huit mois et de renoncer à la vie du cloître,
le 2 juillet 1770.

Dieu n'avait point suscité Benoît-Joseph pour qu'il passât dans un
monastère une vie retirée et toute contemplative ; c'était sur la scène
du monde et au sein de la première des villes chrétiennes, qu'il devait
faire éclater, pour l'édification générale, toutes ces vertus dont il avait
déjà donné l'exemple dans son pays.

Il se décida alors à entreprendre divers pèlerinages, afin d'avoir, par
ce genre de vie, la liberté de s'imposer toutes les austérités que sa
piété lui suggérait. Il visita, dans l'intention de se sanctifier, les prin-
cipaux lieux de dévotion célèbres en France, le calvaire du Mont-
Valérien, le saint Suaire de Besançon, etc. ; puis il se rendît à Saint-
Jacques de Compostelle en Espagne.

Il est difficile de suivre dans ses courses variées notre pieux pèlerin
jusqu'au temps où, harassé de fatigue, il entre en Piémont : il gagne
Parme, et la maladie le retient dans cette ville pendant quelque temps.
Il visite ensuite Notre-Dame de Lorette, pour laquelle il eut toujours
une prédilection marquée ; il voit Assise, la patrie de saint François,
et enfin arrive à Rome.

Benoît-Joseph séjourna trois jours à l'hôpital de Saint-Louis, établi
en faveur des pèlerins français.

Après un séjour de quelques mois, il entreprit de nouveau plusieurs
excursions, mais à la suite desquelles toujours il revenait à Rome.

Attiré par le concours de pèlerins qui se rendaient au tombeau
de saint Romuald, fondateur des Camaldules, il vint à Fabriano : les

habitants, frappés de sa piété, le regardèrent comme un sage, et Benoît-Joseph se hâta de se dérober aux témoignages de vénération qu'il recevait de toutes parts.

Trois mois après son retour à Rome, il visita pour la seconde fois Notre-Dame de Lorette, qu'il affectionnait beaucoup, car il avait une dévotion particulière à la Vierge; de là, il parcourut le royaume de Naples, revint à Rome, retourna à Lorette, dont il édifiait les prêtres même par sa ferveur : lorsqu'il priait dans les églises il était d'une telle immobilité, qu'on l'eût cru sans mouvement et sans vie. Il visita la Toscane en 1773 ; en 1774, il assistait aux fêtes de Pâques à Rome ; en décembre, il était en Bourgogne, d'où il se dirigea vers la Suisse pour voir Notre-Dame des Ermites à Einsidlen. Il visita ensuite une partie de l'Allemagne et ses lieux de dévotion les plus fameux. Le jubilé de 1775 le rappela à Rome.

L'année suivante, il entreprit, dans le fort même de l'hiver, un troisième voyage en Suisse et en Allemagne, d'où il ne revint que sur la fin de l'automne.

Dans ses nombreux pèlerinages, Benoît-Joseph le plus souvent marchait nu-pieds et n'avait pour se couvrir qu'un manteau presque en lambeaux. Faisant peu de cas de son corps, qu'il appelait un cadavre ambulant, il ne prenait que ce qui lui était absolument indispensable : persuadé que le devoir d'un chrétien est de consoler les affligés, il offrait ses services, soit pour ensevelir les morts, soit pour veiller et prier auprès d'eux pendant la nuit.

Benoît-Joseph, en 1776, après six années de pèlerinage, satisfait de ses longues et pieuses courses, mais épuisé de fatigues et d'austérités, résolut de se fixer à Rome et d'y finir ses jours. Chaque année, toutefois, il en sortait pour faire un pèlerinage à Lorette. Rome devait être à la fois le terme de ses voyages et le théâtre de ses vertus et de sa gloire. Benoît-Joseph, dans cette ville, n'eut, pendant de longues années, pour passer la nuit, qu'une sorte d'enfoncement qu'il s'était choisi au milieu des ruines de l'amphithéâtre Flavien, et qu'une pierre pour reposer sa tête. Pendant la journée, il faisait de la prière son occupation continuelle, lisait le bréviaire et quelques autres livres de dévotion. A la bibliothèque de la Minerve, où il allait quelquefois étudier et méditer les Pères de l'Église, il attendait debout et patiemment le volume qu'il avait demandé : à voir son extérieur pauvre et misérable, on ne faisait pas attention à lui, mais, en considérant son air recueilli, insensiblement on était ramené vers sa personne. Il fréquentait les églises, où il sanctifiait son âme par la prière ; les hôpitaux, où il consolait et soulageait l'humanité souffrante : de toutes les œuvres de charité, assurément il n'en est pas de plus méritoire que celle de demeurer auprès du lit d'un pauvre agonisant, pour lui adoucir les dernières heures par des soins et des consolations. Dans son humilité évangélique, il ne voulait accepter pour nourriture que la part des pauvres distribuée à la porte de quelque couvent ; il la recevait le dernier en silence, dans une écuelle de bois toujours attachée à sa ceinture. Jamais il ne demandait l'aumône : lui offrait-on quelque chose, il n'acceptait le plus souvent que pour donner lui-même à un autre pauvre. Cette charité lui attira un jour un mauvais traitement qui ne put toutefois arracher la moindre plainte à ce parfait modèle de résignation et de patience. Un particulier ayant donné un sou à Benoît-Joseph le lui vit remettre à un autre pauvre, et pensant qu'il dédaignait son aumône comme trop minime, lui cria avec humeur : « Croyais-tu donc, misérable, que je t'allais donner un sequin ? » Il s'emporta même au point de lui appliquer des coups de canne [1].

Dans les temples, il restait toujours à genoux pour prier : cette position prolongée lui fit venir aux genoux deux tumeurs qui ne purent cependant l'empêcher de continuer, malgré les cruelles douleurs qu'il devait éprouver. L'état inactif succédant à des courses pénibles, une maladie très-sérieuse survint : le directeur d'un hospice qui avait été touché de son humilité et de sa modestie, le reçut dans cette maison ; où, après sa guérison, il continua de l'admettre pour y passer

[1] Cet homme, après la mort du serviteur de Dieu, se ressouvint de l'injure qu'il lui avait faite ; désespéré de sa méprise et pénétré du plus vif repentir, il courut à son tombeau pour lui demander pardon, et, en signe de vive douleur, il laissa dans le temple le coupable instrument avec lequel il l'avait frappé. Cette canne figure entre autres objets appendus dans l'église de Notre-Dame-des-Monts.

la nuit, faveur dont Benoît-Joseph a joui avec reconnaissance jusqu'à ses derniers moments.

Les mortifications, les austérités qu'il s'imposait, diminuèrent peu à peu les forces du pauvre serviteur de Dieu; il le sentait, et en juin 1782, dans une confession générale, il découvrit son âme à l'abbé Marconi, lecteur du collége romain. Celui-ci, frappé des lumières de son pénitent, admirant la profonde connaissance qu'il avait des choses de Dieu et les développements qu'il lui donnait des vérités les plus relevées, lui demanda s'il avait étudié la théologie : « Moi! mon père, lui répondit Benoît-Joseph avec humilité; je ne suis qu'un pauvre ignorant. »

Enfin arriva le dernier jour de sa vie mortelle. Labre était resté toute la matinée à Notre-Dame-des-Monts; en sortant, il tombe évanoui sur les marches de l'église : on lui porte secours, il est recueilli dans une maison voisine, celle du sieur Zaccarelli, qui depuis longtemps affectionnait le fidèle serviteur de Dieu. D'abord on crut que ce n'était qu'un léger accident occasionné par le besoin de prendre de la nourriture, mais on reconnut bientôt, à l'inutilité des secours qu'on lui administra, que c'était plus qu'une faiblesse ordinaire, et que son corps, exténué par les jeûnes et les macérations, allait enfin succomber. Les religieux de la congrégation de la Pénitence de Jésus de Nazareth, qu'on avait avertis de l'état du malade, vinrent l'assister jusqu'à son dernier moment. N'ayant pu, à cause de sa faiblesse, recevoir le saint Viatique, l'Extrême-Onction lui fut administrée, et vers neuf heures du soir, il rendit l'âme sans aucune espèce d'agonie. Ainsi mourut à Rome, en odeur de sainteté, Benoît-Joseph Labre, martyr de la pénitence, à l'âge de trente-cinq ans, le mercredi-saint, 16 avril 1783 [1].

A peine l'humble serviteur de Dieu eut-il expiré qu'on entendit retentir tout à coup dans les rues de Rome, ce cri : *E morto il santo* (le saint est mort). Le curé de Notre-Dame-des-Monts, église que le défunt avait le plus fréquentée, réclama la possession des précieux restes, que

---

[1] On montre encore aujourd'hui à Rome la chambre où mourut B.-J. Labre : elle est transformée en un oratoire orné d'une suite de tableaux ou sont représentés divers faits de sa vie.

l'on considérait déjà comme une sainte relique, et l'obtint contre les prétentions du pasteur d'une autre église. Le lendemain se firent avec pompe les obsèques, aux frais du sieur Zaccarelli, l'ami du serviteur de Dieu. On fut surpris quand on toucha le corps de le trouver souple et flexible, comme s'il n'eût été qu'endormi. Le peuple bientôt accourut, quelques-unes de ses paroles, quelques traits de sa vie que l'on raconta, excitèrent une ferveur générale. Le nom de B.-J. Labre dès lors fut répété avec enthousiasme, et on commença à l'invoquer comme bienheureux. En peu de temps le concours s'accrut : tous les âges, toutes les conditions se pressèrent et se confondirent pour voir, pour toucher celui dont on dédaignait de s'approcher de son vivant. Afin de satisfaire la foule, on décida que le corps du serviteur de Dieu resterait exposé dans l'église pendant quatre jours [1]. Depuis les plus grands jusqu'aux plus petits, les cardinaux eux-mêmes tous voulurent lui témoigner leur vénération. Pie VI ordonna que le corps fût inhumé avec toutes les formalités requises en pareil cas ; mais au moment de le mettre dans le cercueil qui lui était préparé, tous les spectateurs remarquèrent qu'il n'avait encore aucune odeur de corruption, et constatèrent à plusieurs reprises avec étonnement et admiration que ce cadavre ayant été soulevé, sa main gauche serra le bord du banc sur lequel il était étendu, et s'y appuya comme ferait un homme vivant. Un procès-verbal fut dressé par le commissaire pontifical, assisté d'un notaire et d'un médecin. Le corps fut mis dans le cercueil et déposé près du grand autel.

Les hommages alors redoublèrent, on vint en foule prier à sa tombe, non pour lui, mais pour soi-même. Des guérisons miraculeuses s'opérèrent en grand nombre à son tombeau et par son intercession. Entre autres une fille de vingt-deux ans, née muette, reçut tout à coup l'usage de la parole, et une femme hydropique, ayant été mise, en présence de tout le monde, sur la pierre même qui recouvrait cette tombe,

---

[1] Les peintres, les graveurs d'après une empreinte de plâtre, prise alors sur sa figure, ont multiplié à l'infini les portraits en pied et les bustes de B.-J. Labre. Nous connaissons aussi deux médailles religieuses frappées à son effigie.

une eau puante sortit aussitôt de ses pieds, puis elle se trouva parfaitement guérie. Les ulcères invétérés disparaissaient promptement et les membres fracturés étaient remis.

La publication de semblables cures, effectuées non-seulement dans la métropole de la chrétienté, mais dans le reste de l'Italie et dans la France entière, eut un tel retentissement, que des ordres furent donnés pour commencer le 4 juin les informations préliminaires de la procédure relative à la béatification du serviteur de Dieu, qu'un décret de la congrégation des rits autorisa préalablement à qualifier du titre de *vénérable*.

Rome, en janvier 1854, procédait de nouveau avec une sage réserve et beaucoup d'impartialité à l'examen et à la discussion des miracles de B.-J. Labre, dont elle reconnaissait l'authenticité.

Quand on considère l'origine d'un culte si subit, son étendue, sa durée, on ne peut s'empêcher de reconnaître l'effet de la providence de Dieu qui a voulu glorifier ce fidèle serviteur.

Espérons que l'Église, par la canonisation, lui assurera bientôt dans notre diocèse et dans l'univers catholique un tribut perpétuel d'amour, de reconnaissance et de vénération !

Espérons que les précieux restes du serviteur de Dieu, revenus dans la famille des Labre, reposeront un jour dans la Cathédrale d'Arras !

DÉPOSÉ.